ABC

della Psicoterapia

Pierpaolo Matozzo

Laureato in psicologia clinica e comunitaria presso la libera Università "Carlo Bo" di Urbino. E' iscritto all'ordine degli psicologi del Lazio con il n.13865. Si è specializzato in psicologia clinica e psicoterapia psicoanalitica presso la SIRPIDI a Roma.

Ha frequentato i corsi di formazione per operatore di gruppi di auto-mutuo aiuto e per la conduzione dei gruppi presso la LIDAP a La Spezia e la SIPEA a Roma.

Ha collaborato con la comunità psichiatrica "La Castelluccia" a Marino, con il centro diurno dell' Asl Roma C, con il reparto di medicina generale e centro cefalee dell'ospedale San Carlo di Roma, con il centro di riabilitazione "don Orione" di Roma, con l'associazione "PangeaPersona", con l' istituto scientifico "Democrito" di Casal Palocco.

Ha pubblicato i seguenti articoli:

"La psicoterapia senza divano" pubblicato sul volume 6 Quaderni Sirpidi, edito, Aracne, 2008;

"La schizofrenia" pubblicato sul sito www.interazioneclinica.it;

"La rappresentazione della salute come ambito di negoziazione nella relazione medico paziente" di P. Matozzo, A. Micheli, A. Pennella presentato al Congresso di Rovigo, 2009.

Attualmente lavora in privato ed è allievo di Luisa Barbagallo e la sua attività è visibile su www.psicologiaenaturopatia.com

A Irene

Indice

Introduzione..

Capitolo 1..

Che cos'è la Psicoterapia..

Capitolo 2..

Chi è lo Psicoterapeuta..

Capitolo 3..

La Guarigione è in ognuno di noi..

Introduzione

Nella mia attività di psicoterapeuta, ho potuto constatare, attraverso i pazienti avuti in cura, una scarsa conoscenza a riguardo.

La tendenza è brancolare nel buio, essere confusi (le più frequenti sono quelle tra lo psichiatra e lo psicoterapeuta o tra la psicoanalisi e la psicoterapia/psicologia.) oppure si approda dallo psicoterapeuta perché è di moda, o qualcuno l'ha consigliata o perché si è trovato, finalmente, qualcuno con cui scambiare quattro chiacchiere; ed ecco che nasce l'idea di scrivere, voluta da una forza interiore che mi spingeva ad agire a favore della vera conoscenza.

Il libro che presento è rivolto a tutti quelli che non fanno parte del settore, mi riferisco ai medici e agli psicologi, perché dovrebbero già essere a conoscenza di quanto è scritto in questo testo, con l'obiettivo, attraverso un linguaggio semplice in modo da raggiungere tutti, di chiarire, sfatare alcuni stereotipi e ridurre degli allarmismi inutili, a tal proposito, a tratti, il libro può sembrare un po' pungente per qualcuno, ma non c'è alcun intento di mettere in cattiva luce nessuno piuttosto si vuole tentare di creare uno spirito di criticità che induca l'individuo a discernere tra le varie "verità" che gli sono proposte.

Sandro Penna affermava: " Felice chi è diverso essendo egli diverso, ma guai chi è diverso essendo egli comune". (Garzanti, 2000)

Il testo si divide in due parti, la prima in cui si spiega cos'è la psicoterapia e lo psicoterapeuta operando delle distinzioni tra metodo e teoria e tra varie figure professionali che di continuo si affacciano sul mercato del lavoro, quali sono le regole, gli obiettivi e le funzioni.

Nella seconda parte offro degli spunti di riflessione su come si può raggiungere la guarigione, l'essere in armonia con se stessi partendo dalla mia esperienza personale e professionale.

Da diversi anni si osserva un fenomeno che si sta dilagando a macchia d'olio, quello di contrastare e combattere la malattia, la morte o il tempo che passa, cercando di trovare tutti i rimedi per rimanere eternamente sani, giovani, belli e attraenti. Un benessere che rimane sulla superficie stabilendo e definendo così una caratteristica che contraddistingue la maggior parte degli individui d'oggi, l'importanza della superficialità, quando in realtà non bisogna affannarsi più di tanto per cercare di impedire l'avverarsi della malattia o della morte perché si è già malati e morti dentro la propria anima, spirito, mente, si è continuamente tristi, delusi, rancorosi, proiettati nel futuro o nel passato, non si gode nulla di quello che la vita offre tutti i giorni, vivendo tutto in maniera automatica e privo d'entusiasmo, il tutto accompagnato dalla presenza e formazione di brutti e cattivi pensieri.

Invito, quindi, a ognuno di noi di offrirci la possibilità di stare bene nel profondo di se stessi. Buona lettura.

Capitolo 1
Che cos' è la Psicoterapia

Etimologicamente la parola psicoterapia deriva dal greco psychè: anima e therapeia: cura, quindi è una "cura dell'anima" che si fonda su una relazione che si costruisce tra lo psicoterapeuta e il paziente, dove attraverso dei colloqui, si affrontano le tematiche portate dal cliente per raggiungere un cambiamento consapevole dei processi psicologici dai quali dipende il malessere o lo stile di vita inadeguato.

Come ogni buona relazione, essa si basa su una fiducia reciproca che si realizza col tempo tra i due partecipanti; a volte la sua mancata riuscita comporta la chiusura precoce di un percorso psicoterapeutico. La psicoterapia si svolge in un luogo, chiamato tecnicamente *setting*, il quale costituisce lo spazio fisico, psichico e logistico necessario alla "coppia" psicoterapeuta - paziente per avviare e stabilire nel tempo la relazione attraverso cui si svilupperà l'intervento clinico.

Lo studio dello psicoterapeuta può trovarsi sia all'interno di una struttura pubblica (Asl) oppure in un luogo privato; in genere è costituita da una stanza che deve essere decente, stabile, sobria e confortevole, con delle pareti, finestre e soprattutto una porta, che è un elemento d'estrema importanza, perché è indice di riservatezza e tutela della privacy della persona e segna il limite e il confine. Importante per l'avvio di una psicoterapia è la componente motivazionale che implica una richiesta d'aiuto psicologica, se questa non è forte, può compromettere la sua riuscita.

Una volta deciso di iniziare il trattamento, psicoterapeuta e paziente assumono reciprocamente un impegno per il quale è necessario definire i criteri che lo regolano in modo chiaro ed esplicito, ai fini di poter creare una valida alleanza terapeutica, intesa come il rapporto responsabile, razionale e ragionevole che il paziente co.costruisce con lo psicoterapeuta e viceversa. (Greenson Wexler, 1969).

Si delineano cosi le basi del contratto terapeutico, in cui è possibile individuare una causa, un oggetto e una forma.

La causa rappresenta la finalità del contratto, ovvero la "ragione dell'affare" (Gazzoni, 1996).

Nel caso della psicoterapia potrebbe corrispondere ad esempio alla "volontà di guarire del paziente".

L'oggetto è il contenuto dell'accordo, ossia ciò che s'intende realizzare. In psicoterapia potrebbe essere in una fase d'accoglienza "la conoscenza del disagio" e in un secondo momento "l'analisi del problema" e cosi via.

La forma, infine, varia secondo i casi: può essere verbale o scritta, implicita o esplicita; in genere in psicoterapia è di natura verbale.

Il contratto ha due versioni:

- iniziale con cui si avvia la relazione, la si sottopone a una serie di regole e si affronta il disagio del paziente;

- terminale, con cui si sancisce la conclusione della relazione clinica.

Il contratto, infine, prevede delle regole, attraverso le quali si crea uno strumento per sviluppare un codice comunicativo comune tra i due partecipanti per avviare una sana relazione, stabilire lo spazio terapeutico, fissare le modalità con le quali il trattamento sarà effettuato, decretare le direttive per la cura e la relazione tra paziente e psicoterapeuta, attuare la necessaria distanza e gli opportuni confini interpersonali, dal momento che nella nostra cultura variano da individuo ad individuo, in quanto apprese implicitamente da generazione in generazione e dal contesto in cui si è nati, cresciuti e vissuti, esprimere la capacità dello psicoterapeuta di sostenere il proprio paziente offrendo *holding*, facilitare la formazione e l'integrazione del suo Io. Winnicott (1965) psicoanalista del Novecento definiva l'holding la funzione che la madre ha in relazione con il proprio figlio, uno spazio fisico e psichico all'interno del quale il bambino è protetto senza sapere d'esserlo, in modo che proprio questa dimenticanza costituisca la base dalla quale può partire spontaneamente l'esperienza successiva, la stessa vale per lo psicoterapeuta nei confronti del paziente.

Le regole, infine, sono utili per contenere il paziente di fronte all'espressioni d'angoscia e a esplicitare la specifica natura delle soddisfazioni e delle frustrazioni inerenti all'esperienza terapeutica.

In sintesi, le regole mostrano gli elementi fondamentali o centrali di quella che sarà la relazione e la modalità d'interazione tra paziente e psicoterapeuta.

Le regole sono le seguenti:

. *La frequenza:* si stabiliscono le volte a settimana necessarie per le sedute. Possono variare da uno a tre secondo i casi.

. *La durata:* si determina il tempo necessario per le sedute. Questo varia dai 45 minuti ad un'ora secondo l'approccio dello psicoterapeuta; un tempo ritenuto adeguato per lo svolgimento di un colloquio clinico, per evitare cali d'attenzione o ulteriori aperture su temi che meritano un altrettanto spazio e tempo ecc…

Per quanto riguarda la durata della psicoterapia, questa non si può quantificare, in quanto varia da paziente a paziente e soprattutto da quanto egli mette in pratica. Nessun psicoterapeuta, ad ogni modo, a parte esprimere la propria opinione, vi tratterà con la forza; non tutti quelli che decidono di iniziare una psicoterapia la terminano per vari motivi: si ha paura di andare in profondità, non si vogliono cambiare i propri meccanismi, si auspica una soluzione rapida ed efficace e per l'eternità, non si creano affinità tra paziente e psicoterapeuta, non c'è una vera motivazione, non si sviluppata una fiducia, lo psicoterapeuta non è competente…

. *Giorno e ora:* si stabiliscono i giorni e l'ora in cui avranno luogo le sedute, che devono essere stabili, cercando di trovare un accordo, cosi da instillare e interiorizzare che in quel preciso giorno e ora vi è esclusivamente lo spazio dedicato a quello specifico paziente.

. *L'onorario:* come ogni prestazione, anche le sedute di psicoterapia prevedono un pagamento con relativa fattura. A tal proposito ai sensi dell'art. 15 del Tuir le prestazioni sanitarie sia di psicologi sia di psicoterapeuti sono oneri detraibili nella dichiarazione dei redditi personali.

Lo psicoterapeuta dichiara la sua tariffa una volta che si è designata la necessità di un trattamento, spiegando al paziente che le ore delle sedute sono riservate esclusivamente a lui, richiedendogli un atteggiamento di responsabile impegno a riguardo. L'onorario è determinato dal tariffario imposto dall'ordine nazionale degli psicologi e varia secondo le esigenze dello psicoterapeuta; Quanto affermato non equivale a dichiarare che più lo psicoterapeuta è preparato, esperto e avanti negli anni costi di più o è più valido. Ci sono tanti giovani psicoterapeuti, che hanno una preparazione, una breve esperienza, che fanno dei prezzi accessibili e non per questo sono meno meritevoli o validi. Il nome affermato e conosciuto non è sempre uguale a garanzia assoluta.

. *Responsabilità del paziente:* implica che il paziente non è vittima degli eventi esterni, ma un soggetto agente che decide e sceglie con le dovute conseguenze. Spesso il paziente viene in seduta delegando allo psicoterapeuta il compito di risolvere i suoi problemi, dando la sensazione di "lavarsi le mani".

Un atteggiamento del genere va valutato e col procedere se persiste rende la terapia deleteria. Ricordo, quindi, che i due partecipanti, psicoterapeuta e paziente, ognuno con il suo ruolo, collaborano, ossia lavorano insieme per raggiungere il benessere del paziente. Tra le sue responsabilità c'è, anche, da considerare la puntualità e la regolarità delle sedute, appurando che le assenze soprattutto non comunicate o motivate, alcuni psicoterapeuti le fanno pagare, anche perché si lavora su appuntamento, altri offrono la possibilità di recuperarle.

. *Responsabilità dello psicoterapeuta:* implica la professionalità, la serietà e la puntualità dello psicoterapeuta. Egli riferisce le sue vacanze/ferie, l'uso d'eventuali registratori o altri elementi che possono di volta in volta intervenire nel processo terapeutico, fa firmare un modulo di consenso, quando in terapia c'è un minorenne, figlio di genitori separati e resta in un relativo anonimato, ossia non delibera rivelazioni personali e s'impegna a non comunicare al paziente, opinioni e giudizi personali, in quanto non si tratta di una relazione amichevole, ma professionale.

E' dovere dello psicoterapeuta, dal momento che si lavora anche e soprattutto con la parola, utilizzarla in modo adeguato. La parola ha un forte potere creativo e attraverso questa si manifesta ciò che proviamo e siamo.

E' importante far corrispondere ciò che esprime a ciò che pensa, in modo chiaro e non ambiguo, tenendo sempre in considerazione che la verità va riferita sempre con le dovute accortezze; un suo uso spropositato può creare dei seri problemi.

Le parole sono come dei "semi", più lo psicoterapeuta le pianta in modo opportuno, più ha possibilità di raccogliere ottimi risultati.

. *Segreto professionale:* gli art. 11 e 12 della legge del 18 febbraio del 1989, n. 56 riguardante i principi generali dell'ordinamento della professione dello psicologo citano: " lo psicologo è strettamente tenuto al segreto professionale, pertanto non rivela notizie, fatti o informazioni apprese in ragione del suo rapporto professionale, né informa circa le prestazioni professionali effettuate o programmate.

Lo psicologo si astiene dal rendere testimonianza su fatti di cui è a conoscenza in ragione del suo rapporto professionale. Lo psicologo può derogare all'obbligo di mantenere il segreto professionale, anche in caso di testimonianza, esclusivamente alla presenza di un valido e dimostrabile consenso del destinatario della sua prestazione. Valuta, in ogni caso, l'opportunità di fare uso di tale consenso, considerando preminente la tutela psicologica dello stesso".

. *Regali del paziente:* in linea di massima sarà buona norma per lo psicoterapeuta non accettare il regalo, non senza aver analizzato con il paziente i significati e le implicazioni del gesto. Non è, però, corretto pensare che tale regola sia applicata rigidamente in qualsiasi situazione terapeutica. Lo psicoterapeuta non dovrà mai abbandonare una buona dose di flessibilità e d'umana comprensione; si tratta sempre di un rapporto tra due esseri umani.

Su che cosa si lavora in Psicoterapia?

Il paziente, generalmente, ha il primo contatto con lo psicoterapeuta telefonicamente, dove fissa un appuntamento e comunica d'essere arrivato ad un punto di non ritorno. Una volta giunto in seduta, il paziente si rende conto che sono molte le cose di cui bisognerebbe parlare, ma non sa da dove cominciare.

Non c'è un inizio particolare, il colloquio si avvia partendo dalla motivazione che spinge la persona a intraprendere un percorso terapeutico e cosi incomincia la costruzione della storia del paziente.

Oggetto di lavoro della psicoterapia è la sua vita, affrontando i meccanismi, i problemi attuali, la famiglia, le relazioni, i legami affettivi, l'ambiente sociale in cui vive, muovendosi su più piani, emotivo, cognitivo, inconscio e conscio. Ci sono degli "strumenti" che sostengono lo psicoterapeuta a comprendere meglio la questione, attraverso cui il paziente sta chiedendo aiuto. Questi sono i sogni, le associazioni libere, il comportamento non verbale, il logos, le analogie e le correlazioni tra i fatti della vita quotidiana, le contraddizioni, elementi poco chiari, transfert e controtransfert ecc.

Lo psicoterapeuta cosi traccia un quadro più chiaro e preciso della problematica riportata dal paziente e comprende anche le cause; ogni problema ha una sua origine e da quella bisogna recarsi se si vuole attuare un cambiamento. Si traccia, cosi, una mappa della storia passata.

Il passato è l'aspetto che bisogna sondare per scardinare il disagio attuale, poiché è paragonabile alla radice sofferente di una pianta, che ne determina la sua afflizione.

Questo tempo è ciò che rende invalidante il futuro, ma in principal modo il nostro presente o qui ed ora, vivendo cosi una vita fatta di tormenti, rimpianti, rancori, e rimorsi. Si è catturati sempre più da un vortice composto di un passato rimuginante e doloroso e di un futuro per il quale sembra non bastare mai e si perde così continuamente il piacere che è dato dall'attimo presente, cadendo in atteggiamenti e comportamenti abitudinari e ripetitivi e in vissuti di insoddisfazioni e frustrazioni, quando, in realtà, basta cambiare il loro punto di vista.

Ogni giorno la vita ci fa continuamente dei regali, ma la maggior parte di noi non se ne rende conto. La risposta che, abitualmente, ricevo alla affermazione che bisogna cambiare il proprio punto di vista è: "Quello che lei mi richiede è difficile, non è mica semplice". In una società che continuamente ci bombarda con brutte notizie vedi la crisi economica, i continui omicidi e violenze, disastri naturali, incutendo terrore o con notizie "frivole" dove è importante essere belli e ricchi incutendo superficialità e senso di vuoto, le priorità sono diventati, i soldi e poi i soldi e ancora i soldi e si trascura il benessere della propria anima e spirito. Effettivamente cambiare il proprio punto di vista è ostico non solo per i problemi sopra citati che stanno diventando degli "alibi" ma anche perché molti restano ancorati ai propri schemi e comportamenti appresi, continuando così a perpetuare e ad aggiungere sofferenza su sofferenza, perché cambiare significherebbe perdere "i vantaggi" che il proprio status conferisce da me definiti illusori, come il possedere potere sugli altri oppure l'attirare continuamente l'attenzione su se stessi ecc.

Una volta raggiunta e capita la causa del proprio penare, si opera sul presente (secondo il mio metodo è su questo momento temporale che bisogna agire, in quanto costituisce l'unica realtà che esiste) e il paziente è chiamato a fare una scelta, dove uscire da meccanismi vecchi e non sani costituirà la via verso la libertà e l'individuazione, processo evolutivo per mezzo del quale una persona diviene ancora di più se stessa, ossia più oculata nell'utilizzare le risorse interne disponibili e acquisisce nuovi livelli di consapevolezza, significato e comprensione. E' poco utile e col tempo diviene sterile attribuire le cause dei propri mali sempre agli altri, questi lo possono aver fatto per un periodo della nostra vita, ma dopo ognuno decide, in realtà, se diventare schiavo di se stesso.

In psicoterapia, il paziente ha anche bisogno di riacquisire le sue emozioni belle e ritornare a gustare il sapore dell'amore e del perdono, poiché si vive sempre più in un mondo di tristi, aggressivi, rabbiosi e indifferenti.

Per chi ha intenzione d'approcciarsi alla psicoterapia, la consiglio vivamente a tutti, sappiate, però, che è un duro lavoro, come qualsiasi percorso personale, ma ne vale la pena.

Capitolo 2

Chi è lo Psicoterapeuta

La figura dello psicoterapeuta da diversi anni sta facendo il giro del mondo e sempre più entra a far parte del nostro vivere quotidiano, ma nonostante la sua ascesa, ritengo che idee poco chiare si annidano attorno ad essa.

Chi è, quindi, lo psicoterapeuta? E', innanzitutto, una persona uomo/donna che ha conseguito una laurea di cinque anni in psicologia o in scienze psicologiche, è iscritto all'albo degli psicologi, dopo aver superato l'esame di Stato e, infine deve aver, per poter svolgere l'attività di psicoterapia, conseguito il diploma frequentando una scuola di specializzazione privata o pubblica post lauream di almeno quattro anni. Egli è autorizzato all'esercizio della psicoterapia dal proprio Ordine professionale d'appartenenza dove è iscritto nell'elenco degli Psicoterapeuti.

Le scuole di specializzazione devono essere formalmente riconosciute e autorizzate da un'apposita Commissione del MIUR (Ministero dell'Università e della Ricerca) ad erogare la relativa formazione specialistica, quindi esistono anche delle scuole non approvate.

Ogni scuola ha un suo approccio che varia per teorie e tecnica, ne cito solo alcune e per chi è interessato può trovarle sul sito degli ordini degli psicologi.

Queste sono:

La **psicoanalisi:** è la teoria dell'inconscio dell'animo umano su cui si fondano una prassi e una disciplina psicoterapeutica che ha preso l'avvio dal lavoro di Sigmund Freud.

La **psicoterapia cognitivo-comportamentale:** è una delle più diffuse psicoterapie, in particolare, dei disturbi dell'ansia e dell'umore. Per meglio comprendere il significato, il termine cognitivo si riferisce a tutto ciò che accade nella mente, a tutti i processi mentali, come i sogni, l'attenzione, la memoria, mentre quello comportamentale si riferisce a tutto ciò che facciamo.

La **Psicoterapia Psicodinamica:** è una forma di terapia basata principalmente sulla concezione e sulle metodologie della Psicoanalisi e più in generale della Psicologia dinamica, ma che si sviluppa con incontri meno frequenti e con una durata considerevolmente ridotta rispetto al vero e proprio trattamento psicoanalitico. Il Setting nella Psicoterapia Psicodinamica è quindi in parte differente, e la tecnica utilizzata è più eclettica.

L'approccio sistemico-relazionale: i sintomi e il disagio del singolo individuo sono il risultato di un intersecarsi complesso tra esperienza soggettiva, qualità delle relazioni interpersonali più significative e capacità cognitive di autovalutazione della propria situazione.

L'analisi bioenergetica: è una disciplina finalizzata a realizzare l'integrazione tra corpo e mente, per aiutare la persona a sciogliere i blocchi energetici e i meccanismi difensivi che si creano sia a livello fisico e sia a quello psicoemotivo e che inibiscono il piacere e la gioia di vivere.

La psicoterapia analitica: è soprattutto finalizzata all'analisi delle difese che l'individuo ha eretto nel corso della sua esistenza, ovvero a rendere manifesto ciò che del Sé (essenza della personalità dell'individuo) è stato rimosso o represso.

Tornando alla persona dello psicoterapeuta, bisogna sfatare uno stereotipo e abbattere uno stigma che si è formato intorno a questa, ossia che lo psicoterapeuta non è uno strizza cervelli come molti pensano o vogliono far pensare e da lui non vanno solo i matti, come la nostra buona cultura propina, creando in tal modo dei sensi di vergogna o timori d'essere giudicati o additati dai propri familiari/amici/conoscenti solo perché si è decisi di iniziare un percorso psicologico. Andare dallo psicoterapeuta e iniziare una psicoterapia non equivale, in modo obbligatorio, ad essere considerati dei malati o portatori di una malattia psichica. Chi inizia un percorso del genere, il più delle volte, è perché presenta un disagio che rende invalidante la propria vita quotidiana, dagli affetti alle relazioni e con se stessi. E' uno dei tanti modi che, a differenza degli altri, va nel profondo della persona per stare bene. Qualcuno afferma che la soluzione ai problemi è in ognuno di noi, questo è vero, ma spesso fatichiamo a raggiungerla ed è allora che abbiamo bisogno di qualcuno che ci sostenga e ci faccia vedere le cose in modo chiaro ed ecco comparire tra il ventaglio delle possibilità, lo psicoterapeuta.

Oggi, come sempre, non basta essere buoni, bravi e belli per esistere; nessuna casa regge se non costruita su delle solide fondamenta!

Lo psicoterapeuta può essere sia psicologo e sia medico, in quanto è data anche ai medici la possibilità di iscriversi alle scuole di psicoterapia. Lo psicoterapeuta psicologo, però, non avendo conseguito degli studi di medicina **non può assolutamente prescrivere** dei farmaci (questi aspetti lo contraddistinguono dallo psichiatra, il quale, invece, è un medico e può prescrivere dei farmaci), semmai avviare delle collaborazioni con il medico di base del paziente o con un psichiatra laddove necessita. E' importante, comunque, che egli sia informato sui farmaci e abbia conoscenze anatomo - fisiologiche. Il medico d'altro canto non può iscriversi a una scuola di psicoterapia in psicologia clinica.

Lo psicologo non è obbligatoriamente uno psicoterapeuta, dal momento che ha solo conseguito una laurea in psicologia ed è iscritto all'ordine degli psicologi, dopo il superamento di un esame di stato; pertanto egli è abilitato all'uso di strumenti conoscitivi e di intervento per la prevenzione, la diagnosi, le attività di abilitazione e ri-abilitazione e di sostegno in ambito psicologico rivolta all'individuo, ai gruppi e ad organismi sociali e alle comunità, alle attività di sperimentazione, ricerca e didattica.

Un laureato in psicologia non è "uno psicologo" perché non è iscritto all'ordine degli psicologi e di conseguenza neanche uno psicoterapeuta.

Lo psicoterapeuta, inoltre, non è, come alcuni pensano un "Mago", o "Gesù Cristo" che fa i miracoli. In una cultura, dove il cotto e mangiato va di moda, questo non accade con la psicoterapia, in cui la risoluzione al problema si trova in due, dove il compito dello psicoterapeuta è fungere da specchio riformulando e rinviando al paziente i suoi meccanismi disadattivi, mentre il paziente, dal canto suo, deve riflettere, mettere in pratica nella sua vita quotidiana ciò che emerso durante i colloqui. Tutto questo richiede un tempo; d'altronde stiamo parlando della vita di una persona. Armatevi di pazienza, ma il gioco vale la candela oppure quando si vuole raggiungere qualcosa immediatamente, ma questo non avviene nei tempi da voi previsti o secondo le vostre intenzioni, pensate ai contadini e alle loro semine.

La psicoterapia continua e funziona, soprattutto se applicata fuori dallo spazio che psicoterapeuta e paziente condividono e hanno condiviso.

Lo psicoterapeuta, è bene ricordare, infine che è una persona e per questo anche lui fallibile, nel senso che può commettere errori, ma che si rivelano utili purché non persevera, infatti, la funzione dell'errore, in realtà, è di insegnarci e di evolverci; ad ogni modo è buona consuetudine e norma per lo psicoterapeuta chiedere scusa per gli errori commessi e non ricadere e ripetere i meccanismi che il paziente crea nelle sue relazioni quotidiane.

Ora in avanti espongo alcune figure professionali, che nel nostro Paese, si stanno affermando, la cui funzione può essere svolta anche dallo psicoterapeuta, ma non solo, in quanto le figure sotto citate non prevedono una specifica formazione psicologica e inoltre chi ha contatti o si è rivolto a questa tipologia di servizi non deve pensare di aver avviato una psicoterapia.

Il Counsellor:

è un operatore della salute, che deve aver conseguito un diploma dopo tre anni di studio, e promuove il benessere della persona favorendo la soluzione di disagi esistenziali che non comportino, tuttavia, una ristrutturazione profonda della personalità.

Il Coach:

è un consulente qualificato, un trainer esistenziale che fornisce gli strumenti e il metodo più adeguato per realizzare progetti di sviluppo personale e aziendale, stimolando le motivazioni per procedere. E' un facilitatore, che si affianca al cliente per trovare le soluzioni più idonee nei tempi più brevi, sa valutare i talenti e identificare i bisogni, fornisce a chiunque sia in difficoltà o voglia sviluppare le proprie potenzialità, gli strumenti e il metodo per individuare e raggiungere i propri obiettivi, sia nella vita privata, che professionale (manager, professionisti, imprenditori, gruppi di lavoro).

Il Coach lavora con persone e team sulle resistenze al cambiamento, sviluppa l'autostima, il potenziale e le competenze del saper fare e saper diventare per raggiungere gli obiettivi prefissati.

L'educatore:

è specializzato nella messa in atto di progetti educativi e riabilitativi. L'attività può essere rivolta a carcerati, anziani, tossicodipendenti, disabili, persone con disagio psichico, giovani a rischio, sia all'interno di comunità e sia all'esterno, per conto dei servizi sociali pubblici o di associazioni e cooperative che operano in questo settore. Si tratta di una professione riconosciuta dallo Stato, vale a dire che per il suo svolgimento è necessario il conseguimento di un titolo di studio specifico che permette l'iscrizione in un albo professionale.

Il mediatore familiare:
è colui che sostiene la coppia stessa durante la fase della separazione e del divorzio. All'interno di questo spazio neutrale il mediatore familiare si propone dunque come una risorsa specifica, alternativa al sistema giudiziario, volta a favorire la negoziazione di tutte quelle questioni concernente la separazione o al divorzio.

La coppia è incoraggiata dal mediatore a strutturare gli accordi che meglio rispondono alle esigenze di tutti i componenti del nucleo familiare, diventa protagonista nella gestione del proprio conflitto ed indirizza le proprie risorse per trovare un dialogo il più possibile funzionale ai cambiamenti che si prospettano per tutta la famiglia.

Il mediatore familiare affronta sia gli aspetti emotivi (affidamento dei figli, continuità genitoriale, comunicazione della separazione al nucleo familiare, ecc.) sia quelli più strettamente materiali (divisione dei beni, determinazione dell'assegno di mantenimento, assegnazione della casa coniugale, ecc.).

La mediazione familiare può essere esercitata all'interno d'istituzioni pubbliche e private e attraverso l'attività libero professionale.

L'assistente sociale:

interviene per prevenire e risolvere fenomeni di emarginazione di anziani, disabili, minori, tossicodipendenti, immigrati, ecc; in particolare individua le soluzioni di disagio, tiene i contatti con le persone emarginate o a rischio di emarginazione e coordina l'attività dei servizi di assistenza. Si tratta di una professione riconosciuta dallo Stato, vale a dire che per il suo svolgimento è necessario il conseguimento di un titolo di studio specifico che permette l'iscrizione in un apposito albo professionale. L'attività è svolta in genere come dipendente di un Comune o di una ASL.

Le seguenti professioni possono essere svolte da tutti quelli che sono interessati alla relazione d'aiuto: psicologi, medici, pedagogisti, insegnanti, educatori, formatori, animatori, infermieri, consulenti, quanti sono in contatto col pubblico, e tutti quelli che, almeno diplomati, abbiano un interesse di crescita personale per migliorare la relazione con se stessi, col partner, in famiglia, nel mondo del lavoro, nella società purché portano a compimento il piano di studi previsto per il conseguimento della professione scelta.

Concludo la parte dedicata alla persona dello psicoterapeuta, esponendo i pazienti che questo riceve e i disagi che tratta.

La tipologia dei pazienti comprende i bambini, gli adolescenti, gli adulti, gli anziani, le coppie, le famiglie, gruppi di persone, di razza, cultura e religione diverse, mentre i disagi su cui opera sono vari e molti e tra questi i più frequenti sono: disturbi d'ansia (attacchi di panico, fobie…), problemi relazionali (genitori – figli, affettivi …), dipendenze (da farmaci, da giochi d'azzardo, slot machines…, da alcool, da sostanze stupefacenti), sessuali, depressioni, disturbi dell'alimentazione, difficoltà ad esprimere i propri stati emotivi, disturbi somatici e anche problemi psichici, ma in questi casi è utile chiedere l'aiuto e il sostegno di colleghi specifici della materia.

"Non imponete regola
alcuna all'infuori di quella
di cui io fui il Testimone:
l'Amore e il Perdono..." (v.m.m)

Capitolo 3
La guarigione è in ognuno di noi

In questo capitolo, sulla base della mia esperienza sia personale e sia professionale, desidero indicare una via a coloro che soffrono affinché comprendano l'origine della loro malattia e di conseguenza favorire la propria guarigione. Non c'è alcun attacco alla medicina, ma mi piace affermare che anche questa disciplina è sottoposta ad una legge dove non sempre tutto è spiegabile su un piano fisico, razionale e concreto.

La medicina allopatica non fa altro che curare i sintomi senza rimuovere le cause, conferendo un apparente sollievo, ma questo non basta per raggiungere la vera guarigione e salute. Il sintomo, ad esempio l'ansia o un improvviso innalzamento della pressione arteriosa, è un campanello che ci sta segnalando qualcosa di non positivo in generale, il più delle volte trascurato oppure considerato in modo eccessivo e catastrofico; ovviamente mi sto riferendo a tutte quelle malattie o disagi che non sono causate da avvelenamenti, ferite, incidenti, anche se questi possono, successivamente al loro avvenire, costituire l'origine di nuovi e futuri traumi o malattie.

Quest'ultime hanno bisogno di un altro spazio in cui essere trattate, che non sarà questo.

E' ora, innanzitutto, di interiorizzare che l'essere umano non è costituito soltanto da un corpo, ma anche da una mente, un'anima e uno spirito; quindi in noi sono presenti più livelli o piani che comunicano tra loro.

Il corpo è l'espressione fisica della nostra coscienza;

La mente è il luogo dei nostri pensieri e idee, creatrice di tutto ciò che in seguito si realizza; spesso ci capita che abbiamo pensato ad una persona e in poco tempo o nei giorni successivi l'incontriamo. Questo "atto magico" è dovuto alla nostra mente, capace di immettere nel creato pensieri o idee, che in seguito hanno un riscontro.

L'anima è quella parte eterna di noi sottoposta ad esperienza per apprendere le lezioni che viviamo nel nostro mondo, fatto di dualità, bene e male, affinché si compi quel viaggio di ritorno all'Unificazione;

Lo spirito è il lato divino che è dentro di noi, che ci guida e sorregge.

La malattia ha inizio, quando tra questi piani comincia ad esserci disarmonia ed impera il disordine.

La scienza degli ultimi millenni ha considerato la malattia come un agente fisico che può essere eliminato solo attraverso mezzi materiali, ma cosi non è, lo stesso si dica delle persone che si affidano in modo ossessivo e ostinato alle nuove tecnologie per poter stare bene con se stessi.

La malattia del corpo, quella che noi comunemente conosciamo, è un risultato, un prodotto terminale, uno stadio finale di qualcosa di più profondo. Il malessere del nostro corpo ci parla e ci comunica che qualcosa a livello di mente, anima e spirito non procede nel verso giusto. La malattia, quindi, inizia oltre il piano fisico, è il risultato di un conflitto tra il nostro sé spirituale, mentale e fisico/materiale. Piccoli esempi per far comprendere questo tipo di conflitto sono: se si hanno problemi delle articolazioni (piano fisico), questi possono essere rappresentati (piano mentale) da pensieri ossessivi, idee fisse, dovuti (piano spirituale) ad una rigidità nella mente, poiché ci si attacca rigidamente a qualche idea, principio, convenzione che non si dovrebbe avere, ma che lo facciamo diventare il nostro essere, una prova è non poter permettere a sé e agli altri la possibilità di commettere degli errori; oppure se si hanno problemi d'asma o difficoltà respiratorie (piano fisico), possono essere dovuti al proprio modo attraverso cui si soffoca un'altra personalità o ci si opprime per mancanza di coraggio ad agire giustamente o ancora per paura che qualcosa c'inquini o contagi (piano mentale) e per tali ragioni non si fa entrare il soffio della vita dentro sé stessi, determinando, la propria morte (piano spirituale).

Leloup, a questo proposito, spiega nel Vangelo di Myriam di Magdala le cause del nostro penare: "La malattia, la sofferenza, la morte non sono altro che le conseguenze dei nostri atti. Non si può accusare nessuno, è inutile lamentarsi e criticare questo mondo, la materia, la società, l'uomo, i nostri genitori, l'infanzia, la Chiesa, che sarebbero cattivi; l'infelicità continua ad esistere, poiché è la conseguenza dei nostri atti, i nostri atti conseguenza delle nostre scelte, noi facciamo ciò che ci allontana, il male esiste per l'accusatore che è in noi (Leloup 2000).

Il pensiero di Leloup è evidente anche in psicoterapia, ad esempio in alcuni meccanismi come la coazione a ripetere o a veder ripetuto.

Nel primo caso un esempio è il bambino/a che da grande diventa un/a insegnante e fa provare o riversa sui suoi allievi le frustrazioni, umiliazioni, soprusi subiti dagli insegnanti al tempo in cui questo/a frequentava le scuole. Il nuovo insegnante può attribuire il comportamento, le modalità poco ortodosse e i propri interventi agli insegnanti del passato, ma nel presente, questo sceglie di mandare avanti un meccanismo malato e non curato o guarito, generando cosi uno stato d'inquietudine, d'insofferenza e malessere costante a sé e agli altri.

Nel secondo caso un esempio è, quando un genitore non si "accorge" che il/la proprio/a figlio/a è abusato/a dentro casa dall'altro genitore o parente stretto. In questa situazione il genitore che apparentemente non vede tale violenza fa subire al figlio/a ciò che egli ha patito, ossia un abuso; quindi indirettamente, come nel primo caso non rompe con un meccanismo passato, ma continua e sceglie di avvallarlo nel qui ed ora, permettendo al malessere di proseguire nel suo intento.

In una civiltà in cui si pensa che con il denaro si possa comprare tutto o dove è importante il ceto sociale che si ricopre, raggiungere una certa posizione, ottenere degli onori mondani, avere i migliori e i maggiori comfort oppure conquistare una popolarità perdendo la propria dignità e senso del pudore spiattellando una sessualità insana ovunque, è inevitabile ammalarsi.

Quali sono, giunti a questo punto, i fattori che causano la malattia? Io ho deciso di considerare quegli elementi che riscontro con maggiore frequenza con le persone con cui mi trovo a lavorare. Essi sono:

L'attaccamento alle cose materiali (proprietà, gioielli, conti in banca, persone, società, imprese, il proprio corpo, pensieri, emozioni ecc.) è la malattia del desiderio, il suo intorpidimento o arresto, una fissazione patologica su un oggetto nel possesso del quale il desiderio pensa di trovare il proprio appagamento o riposo, in realtà si tratta del piacere che precede la delusione e non della gioia duratura fondata sulla relazione amorosa e fedele con l'essere stesso.

La materia, le persone o gli oggetti non sono nocivi o cattivi in sé, ma è il nostro attaccamento o passione che va contro natura; pensare di possedere un oggetto, una persona, il nostro pensiero e la nostra vita è un'illusione che causa turbamento, insicurezza, insoddisfazione e mina la nostra apparente stabilità e serenità. I sentimenti che si stabiliscono con l'attaccamento sono *l'ira* che compare, quando la realtà a cui si è legati sfugge, portando a "fare a pezzi" questa realtà o ciò che ha provocato la sua fuga; *la gelosia* che è il desiderio di possedere esclusivamente ciò a cui si è attaccati. Il geloso, in una relazione interpersonale, fa dell'altro un oggetto; non è più una persona è la sua "cosa".

Egli uccide dentro di sé la possibilità di incontrare l'altro come persona, come libertà capace di aprirsi ad altre libertà e all'incontro con altre persone, senza che si perda nulla del carattere unico e insostituibile dell'intimità che hanno potuto stabilire tra di loro le due persone; *l'invidia* si caratterizza come desiderio ambivalente di possedere ciò che gli altri possiedono, oppure che gli altri perdano quello che possiedono.

L'enfasi, quindi, è sul confronto della propria situazione con quella delle persone invidiate e non sul valore intrinseco dell'oggetto posseduto da tali persone, inoltre spesso l'invidioso fa l'inventario di tutto ciò che non ha e questo diventa più prezioso di tutto ciò che ha.

Le malattie, che possono insorgere in questa situazione, si concentrano nell'apparato cardiocircolatorio oppure sono d'origine psicologica persecutorietà, paranoie, disturbi d'ansia, bassa autostima.

L'attaccamento impedisce d'essere in armonia con tutto ciò che esiste, instaura un rapporto di potere e di dipendenza negando l'esistenza di un'autentica relazione. E' importante ricordarsi che le cose a cui si è attaccati sono materie e per questo si decompongono e ad ogni modo con noi non resteranno eternamente, poiché siamo passeggeri.

Essere in armonia significa essere in relazione cosciente e amante con ciò che esiste, senza volontà né desideri particolari e implica un rapporto "musicale" con il mondo, un accordo, che si costruisce attraverso un lento lavoro d'aggiustamento che prevede una qualità d'ascolto, un'attenzione di tutto l'essere.

L'ignoranza, invece, è la malattia del cuore e dell'intelligenza. Si preferisce non sapere, perché sapere implicherebbe una coscienza e delle responsabilità, ma soprattutto si rifiuta di vedere la Verità, rinunciando alle esigenze del discernimento e optando cosi per la menzogna. Ogni giorno si è disposti a prendersi in giro, a mentirsi e ad assecondare e omologarsi pur di non sentirsi attaccati, giudicati e colpevolizzati. Non voler saper è l'arma più potente e distruttiva, ci rende schiavi e indifferenti, egoisti di fronte alle ingiustizie e crimini che accadono sotto il proprio naso. A mascherare l'ignoranza c'è *la superbia*, dove la persona per compensare la sua inferiorità che è qualcosa di schiacciante, accentua in modo esasperato le proprie risorse per ritenersi al di sopra di tutti, tale da essere cosi violento umiliando chi entra in relazione con lei.

Malattie che possono, ad esempio, insorgere in questo caso riguardano il sistema visivo o la gola, sbalzi della pressione, o ancora diventare dei bugiardi cronici.

Queste riflessioni ci conducono ad affermare e a sostenere che non siamo noi a fare il cammino, ma a dare l'orientamento, questo è il nostro potere, che richiede certamente un gran coraggio.

L'assoluta libertà è la nostra ragione di nascita e noi possiamo solo ottenere questo, quando concediamo quella libertà a ogni anima vivente che può entrare nella nostra vita, accettandola per quello che è e scevri da giudizi, ricordate la perfezione, in verità, sta nell'imperfezione.

Noi raccogliamo ciò che seminiamo e con lo stesso metro con cui misuriamo saremo misurati. Il modo per accingersi a svolgere quest'opera è esercitare una squisita gentilezza: ad esempio salutare il proprio vicino di casa, sorridere di più, essere felici per la riuscita di un nostro conoscente ecc...

Il Salvatore è all'interno di ognuno di noi, solo chi utilizza il proprio tempo, energie non per accuse, ma per trasformare attraverso le proprie azioni, facendosi responsabile di ciò che gli accade, osservando nel concatenamento della causa e degli effetti ciò che ha potuto condurlo in questo stato di malattia, di sofferenza e di morte, portando cosi ad un cambiamento del suo modo di vivere, si può augurare una vita migliore.

La salute non è, precisamente, un sentirsi, ma un esserci, nel mondo, insieme agli altri uomini ed essere occupati attivamente e gioiosamente dai compiti quotidiani della vita. Un modo metaforico per raffigurarla consiste nel concepirla come uno stato d'equilibrio, inteso come un rapporto fra diverse parti che sono complementari l'una all'altra e interdipendenti, senza che s'instauri per questo un rapporto di dipendenza e potere fra esse. Riconoscere il tutto per com'è significa ridare il giusto valore alle cose senza sopravvalutare o sottovalutare le funzioni di ciascuna parte.

Bibliografia

Bach E. (2002), *Le opere complete*, Macro edizioni, Cesena;

Benvenuti P. a cura di (2007), *Psicopatologia nell'arco della vita*, Seid editore, Firenze;

Gadamer H.G. (1994), *Dove si nasconde la salute*, Raffaello Cortina editore, Milano;

Galimberti U. (1999), *Psicologia*, Garzanti editore, Milano;

Gazzoni F. (1996), *Manuale di diritto privato* (1987), Esi editore, Napoli;

Goldfried M.R., Davison G.C. (1976), *Clinical behaviour therapy*, New York: Holt;

Grasso M., Salvatore S. (1997), *Pensiero e decisionalità. Contributo alla critica della prospettiva individualistica in psicologia*, Franco Angeli editore, Milano;

Greenson R., Wexier M., (1969), *The non transference relantionship in "the Psychoanalytic situation int. J. Psycho-Anal"*, Vol.50;

Jung C.G. (1930), *Gli studi della vita*. In opere vol.8, Boringhieri editore, Torino, 1976;

Leloup J.Y. (2000), *Il vangelo di Maria*, servitium editore, Gorle;

Mitchell S.A., Black M.J. (1995), *L'esperienza della psicoanalisi*, Bollati Boringhieri editore, Torino, 1996;

Penna S. (2000), *Poesie*, Garzanti editore, Milano;

Rauti I. (2011), *Il popolo dei toltechi e i varchi del sognare come cammino verso la libertà*, Lulu editore;

Vitale A. (2007), *Atlante*, Aracne editore, Roma;

Winnicott D.W. (1965), *Sviluppo affettivo e ambiente*, Armando editore, Roma, 1970.

www.ingramcontent.com/pod-product-compliance
Lightning Source LLC
Chambersburg PA
CBHW070238290526
45789CB00004B/1672